ALAIN ET ROSETTE,

OU
LA BERGERE INGÉNUE,
INTERMEDE EN UN ACTE;
REPRÉSENTÉ
POUR LA PREMIÈRE FOIS
PAR L'ACADÉMIE ROYALE
DE MUSIQUE,

Le Vendredi 10 Janvier 1777.

Il est force gens
Qui prétendent n'agir que pour leur propre compte,
Et qui font le marché d'autrui.

LA FONTAINE, Tircis & Amarante. Fab. 13. liv. 8.

PRIX XII SOLS.

A PARIS,

Chés DE LORMEL, Imprimeur de ladite Académie, rue du Foin,
à l'Image Sainte Genevieve.

On trouvera des Exemplaires du Poeme à la Salle de l'Opera.

M. DCC. LXXVII.
AVEC APPROBATION ET PRIVILEGE DU ROI.

Les Paroles *font* de M. *BOUTELLIER*.

La Mufique *eft* de M. *POUTEAU*.

AVERTISSEMENT.

IL eſt bien étonnant qu'après le ſuccès, toujours conſtant, du charmant Intermede du Devin de village, perſonne n'ait oſé ſuivre, dans ce nouveau genre d'Opéra, la route que le célebre M. J. J Rouſſeau nous a le premier tracée. C'eſt un vol fait à nos plaiſirs. J'ai tenté l'entrepriſe : peut - être blâmera-t-on ma témérité? Ce n'eſt pas une vaine confiance en mes propres forces qui m'y a déterminé ; mais j'ai toujours penſé que les grands-Maîtres de l'art, étant nos modèles, il ne ſuffiſoit pas de les regarder de loin & de les admirer, qu'au contraire c'étoit les honorer davantage que de chercher à nous approcher d'eux & marcher ſur leurs traces.

ACTEURS ET ACTRICES
CHANTANTS DANS LES CHŒURS.

CÔTÉ DU ROI.		CÔTÉ DE LA REINE.	
Mesdemoiselles.	*Messieurs.*	*Mesdemoiselles.*	*Messieurs.*
Dubuisson.	Cailteau.	Châteauvieux.	Candeille.
Dauterive.	Héri.	d'Agée.	Vatelin.
Veron.	Lagier.	Desrosières.	Tourcati.
Garrus.	Martin.	Chenais.	Capoi.
Duffée.	le Grand.	Demerey.	Ghuiot.
Desivri.	Lhoste.	Thaunat.	Moreau.
Rouxelin.	Boi.	Constance.	Méon.
Sanctus.	Huet.	St. Aubin.	Beghaim.
Prevost.	Itasse.	Laurence.	Cleret.
	Parant.	Gervilliers.	Tacuffet.
	Jouve.		Baillon.
	Jalaguier.		de Lori.
	Moulin.		Fagnan.
			Poussez.

ACTEURS CHANTANS.

ROSETTE, *jeune Bergère*, Mlle. Beauménil.
ALAIN, *jeune Pâtre, Amant*
  de ROSETTE,   M^r. Lainés.
LUCAS, *autre Pâtre*,   M^r. Durand.
VILLAGEOIS ET VILLAGEOISES.
PASTRES ET PASTOURELLES.
PAYSANS *jouant de divers instrumens champêtres.*

La Scêne est dans un Hameau.

PERSONNAGES DANSANTS.

BERGERS ET *BERGERES.*
CORIPHÉES.

M^{rs}. LE DOUX, LE BRETON,
Mlles. MICHELOT, MULLERE.

M^{rs}. Hennequin, Duchaîne, Laval, le Bel,
Guillet, Desbordes.

Mlles. Bigotiny, Auberte, le Monier, Violette,
Baudouin, Neuville.

PAYSANS NIAIS.

M^r. VESTRIS, fils. Mlle. ASSELIN.

PASTRES ET *PASTOURELLES.*

M^r. ***.

Mlle. ALLARD, Mlle. PESLIN.

CORIPHÉES.

M^{rs}. BARRE', OLIVIER.
Mlles LA FOND, PEROLLES.

M^{rs}. Giguet, Caster, Hennequin c., Ducel,
la Rue, le Roi 2.

Mlles. Thifte, Durville, Efther, Duval,
le Blanc, Violette.

ENFANS.

M^{rs}. Coulon, Blondin, Robert, Francisse.
Mlles. Fontenet, Maillard, Reîne Trognon.

ALAIN
ET
ROSETTE.

*Le théâtre repréſente d'un côté l'entrée d'un bois,
de l'autre, un hameau. Le fond eſt occupé
par un côteau ou une montagne. D'un côté
ſous une touffe d'arbres, eſt un gazon ſur le
devant du théâtre ; de l'autre, un peu plus reti-
rés, ſont deux arbres joints enſemble & en ſaillie.*

SCÊNE PREMIERE.

ALAIN.

AH ! quel tourment !
Ah ! quel martire

      A L A I N ᴇᴛ R O S E T T E,

D'aimer si tendrement,
Et de n'oser le dire !
Flatté d'un espoir heureux,
Je cherche par-tout Rosette,
Prêt à lui déclarer ma flâme trop discrete ;
Mais, dès que je vois ses beaux yeux,
Je ne sçai qu'admirer . . . & ma bouche est muette.

Ah ! quel tourment ! *&c.*

O malheureux Alain !
Ne cesseras-tu de te plaindre ?
N'est-ce pas assez te contraindre ?
Il faut parler . . . . il faut te déclarer enfin :
Allons . . . . ciel ! que vais-je entreprendre ?
Si l'aveu de ma flâme alloit la courroucer :
Que dire à ma Rosette, & comment l'appaiser ?
Ah ! si l'amour ne guide une ame tendre,
Je ne saurai jamais me faire entendre !
Mais Lucas vient ici . . . .
Peut-être pourroit-il m'instruire ?
Parlons, osons lui dire
Ce qui cause notre souci.

SCÈNE

SCÉNE II.

ALAIN, LUCAS, *arrive en chantant, sans voir*
ALAIN, *qui est retiré sur le côté du théâtre.*

LUCAS.

SAns le savoir, dans un boccage,
L'insensible Iris, l'autre jour,
Folâtroit seule avec l'amour :
Profitant de ce badinage,
L'enfant malin dans son carquois,
D'un trait vainqueur avoit fait choix.

Il fit tant, qu'il trouva sa belle,
De ce trait Iris se blessa ;
Puis le petit Dieu s'envola,
Lui disant, » jeune Pastourelle,
» Adieu, c'est moi qu'on nomme Amour ;
» Tu dois me connoître à ce tour.

(*Pendant ce dernier couplet,* ALAIN *s'approche*
doucement de LUCAS *, & lui fait plusieurs révé-*
rences qu'il n'apperçoit pas.)

B

A L A I N, *à part.*

Pour l'aborder, je ne fais que lui dire !
(haut) *timidement & un peu niaifément.*)
Serviteur à Lucas.

L U C A S.

Bonjour, Alain, bonjour... d'où vient ton embarras ?
Tu parois trifte...

A L A I N.

Hélas ! je fouffre le martire.

L U C A S.

Pour vivre heureux, Alain, imite moi.
Voici qu'elle eft ma loi :
Il faut chanter, rire fans-ceffe,
Point de fouci,
De chagrin, ni d'ennui:
Livrons nos cœurs à l'allégreffe ;
Hélas ! nos jours
Son trop courts
Pour en donner à la trifteffe.

A L A I N.

Que j'aurois de plaifir à fuivre cet avis !
Mais le bonheur jamais ne fera mon partage,
Je languirai toujours dans l'état où je fuis.

L U C A S.

Eh ! peut-on languir à ton âge ?

A L A I N.

Oui, j'aime.. en faut-il davantage!

L U C A S.

J'entends, tu reſſens de l'amour,
Et tu n'as point obtenu de retour?

A L A I N.

Hélas !

L U C A S.

Eh bien ! le ſeul reméde
Au mal qui te poſſéde,
Eſt de te dégager,
Et de changer.

A L A I N.

On ne devient point volage,
En aimant de bonne foi :
Vous ceſſeriez ce langage,
Si vous aimiez comme moi :
Mon cœur, pour être infidèle,
Formeroit envain des vœux :
Ma bergere eſt toujours belle,
Et moi toujours amoureux.

Non, n'eſperez pas que je change.

LUCAS.

Ta délicatesse est étrange :
Mais ne puis-je savoir à qui , dans ce hameau,
S'adresse cet amour si constant & si beau ?

ALAIN.

L'objet que j'aime , que j'adore,
Sans peine enchante tous les cœurs :
On diroit que les fleurs
Sur ses pas s'empressent d'éclore ;
C'est une rose du printems.
Le matin, dans nos champs,
Vous avez vu l'aurore?
Sans art , sans ornemens,
Rosette est plus charmante encore.
Dès qu'on la voit on fait aimer :
Mon seul chagrin , c'est qu'elle ignore
L'ardeur qui me dévore ,
Et je crains de l'en informer.

LUCAS.

S'il est des secrets qu'on doit taire ,
On doit parler ,
Lorsque d'un feu sincere
Pour une belle on se sent brûler.

Il n'eſt point de cruelles,
Des plus fieres, des plus rebelles,
Que n'adouciſſe un amoureux tourment :
Et l'hommage de tout amant
Ne fait qu'honneur aux belles.

A L A I N.

A meſure que vous parlez,
Ma timidité diminue :
Ah ! ſi dans ce moment ma bergere à ma vûe...
Je l'apperçois... ô ciel ! tous mes ſens ſont troublés.

L U C A S.

J'ai pitié du déſordre où ton amour te jette :
Ecoute, ſi tu veux, t'en rapporter à moi,
Que rien ne t'inquiette.
Pour un inſtant éloigne toi,
Je vais faire à Roſette
L'aveu de ta flâme ſecrette.

A L A I N, vivement.

Quoi vous pouriez?... oui, parlez, par quel prix
Vous témoigner l'excès de ma reconnoiſſance ?

LUCAS.

De ce devoir je te difpenfe.
Mais Rofette paraît...

ALAIN.

Parlez our mo , je fuis.

(*ALAIN fe fauve du côté oppofé par lequel entre ROSETTE , LUCAS fe retire à l'écart.*)

SCÊNE III.

ROSETTE , feule , tenant un petit panier de fleurs fous fon bras , & ayant auffi des fleurs dans fes cheveux.

Aᴸ'ez, bondiffez dans la p'aine,
Paîffez, fan; g ide, heureux troupeaux :
En ces beaux lieux chaque jour me ramene,
J'y goûte un doux repos.
Le murmure de ce ruiffeaux
Et des zéphirs la douce haleine,
Au fommeil tout m'entraîne,
Sous ces naîffans ormeaux.
Allez , bondiffez , &c.
(*Elle s'affied fur un banc de gâfon , & s'endort, fon panier de fleurs fur fes genoux.*)

SCÈNE IV.

ROSETTE *endormie*, LUCAS.

LUCAS, *à part.*

APprochons... que d'attraits ! la gentille bergere !
   Elle furpaffe encore le portrait
   Que le timide Alain m'a fait :
Elle ignore fes feux... fi je pouvois lui plaire !...
   Mais quoi d'Alain, trahirai-je la foi ?
Non... quel fcrupule vain me retient, m'inquiette.
   Pour être heureux, chacun parle pour foi.

      (*haut.*)

Que rifquons-nous?..voyons... trop aimable Rofette...

ROSETTE, *s'éveillant en furfaut.*

Ah ! ciel !

LUCAS.

  Ma belle enfant, n'ayez aucun effroi :
   Quoi, feule dans cette retraite,
Loin de votre troupeau, fans chien & fans houlette,
Vous ôfez vous livrer aux charmes du fommeil ?

ROSETTE.

  Je ne fuis pas loin du village,
  Le frais regne dans ce boccage,

Je viens m'y dérober aux ardeurs du soleil.

Je ne connois d'autre avantage
Que la liberté ;
Ce riant féjour eft l'image
De la félicité.
Je m'y plais feule, & lorfqu'en ces campagnes
J'amene mon troupeau ;
Je laiffe mes compagnes
Rire & folâtrer fous l'ormeau,
Avec les bergers du hameau.

Je ne connois, &c.

L U C A S.

Oui, c'eft ici l'afyle du filence ;
Tranquille, avec indifférence,
Ma bergere, dormez, livrez-vous au repos :
Ah ! fi jamais vous reffentiez les maux,
Dont j'éprouve aujourd'hui toute la violence,
Vous ne jouiriez plus des douceurs du fommeil.

R O S E T T E.

Quels maux ?
L U C A S.

Ils ne font pas à craindre.
Il n'eft point fous les cieux d'enchantement pareil ?

A

A les endurer, à m'en plaindre
Je trouve le plus doux plaifir.

ROSETTE.

Eh ! fe peut-il que de fouffrir,
Votre ame foit bien fatisfaite ?

LUCAS.

Oui, charmante Rofette.
En vous voyant, l'Amour...

ROSETTE, *vivement.*

Ainfi, qui nommez-vous ?

LUCAS.

L'aimable auteur de ma peine fecrette.

ROSETTE.

L'Amour... ah ! que ce nom eft doux !
De grace, apprenez-moi ce que l'amour peut-être.

LUCAS.

Vous allez bientôt le connoître.

Quand l'amour, une fois,
Nous retient fous fes loix,
Le féjour le plus folitaire
Sait nous plaire,
On le préfere

Pour y venir rêver à son ardeur,
Et s'occuper de son bonheur.

ROSETTE.

Quoi ! cette douce inquiétude,
Et cette invincible langueur
Qui charme, ravit notre cœur,
Et le porte à la solitude :
C'est donc-là de l'amour ?.. qui s'en feroit douté ?

LUCAS.

Quelle aimable ingénuité !

ROSETTE.

Aux soins de mes troupeaux, sans cesse
Je bornois mon amusement ;
Hé bien ! mes moutons à-présent
Ne sont plus ce qui m'intéresse :
Si ! c'est-là de l'amour… qui s'en feroit douté ?

Achevez, éclairez ma profonde ignorance,
J'écoute avec docilité.

SCÊNE V.

ROSETTE, LUCAS, ALAIN.

ALAIN, sur un des coins du théâtre.

(*à part.*)

JE ne puis résister à mon impatience,
Voyons... mais chut : on parle ici de mes amours :
Sans nous montrer, écoutons leurs discours.

(*Il se cache entre les deux arbres qui sont en saillie
sur la Scêne.*)

LUCAS.

La plus simple bergere,
Ignorant l'art jusqu'au jour
   Que l'amour
Et l'inspire & l'éclaire,
   Pour plaire,
Ne songe plus qu'à se parer :
D'un ruisseau l'onde claire
L'invite-t-elle à se mirer,
Elle n'y voit que l'image
Du tendre amant qui l'engage.

ROSETTE.

Eh ! qu'est-ce qu'un amant ?

ALAIN, *à part.*

C'eſt Alain.

ROSETTE.

En eſt-il quelqu'un dans ce village ?

LUCAS.

N'en doutez point : c'eſt un berger charmant,
Dont les regards, le trouble extrême
Semblent vous dire, à tout moment,
» Ah ! Roſette, que je vous aime !

ALAIN, *à part.*

» Que je vous aime !

LUCAS.

On ſoupire à ſon ſouvenir,
On ignore pourquoi, cependant on ſoupire :
Quelquefois on voudroit le fuir,
On craint ſa vûe alors qu'on la déſire.

ROSETTE.

A vous entendre, ô Dieux ! que je trouve d'attraits!
Vous ſavez peindre de mon ame
Les ſentimens ſecrets :
Ah ! de l'amour je reſſens donc la flâme !

LUCAS, *à part.*

Quand je voudrois d'Alain, ſervir ici les vœux,

Tout me le dit, c'eſt-moi qu'elle aime.

ALAIN, *à part.*

Ma frayeur eſt extrême.

LUCAS, *aux genoux de* ROSETTE.

Ah ! bergere, parlez, ſerois-je aſſez heureux ?...

ALAIN.

Je ſuis trahi... fuyons...

(*Il s'éloigne lentement.*)

ROSETTE.

Oui, votre bouche exprime
Cette même ardeur qui m'anime,
Tout ce que je reſſens enfin,
Lorſque je vois Alain.

ALAIN.

Qu'ai-je entendu ! ſe peut-il, ma bergere,
Qu'Alain ait ſçu vous plaire ?

(*Il court ſe jetter aux pieds de* ROSETTE.)

LUCAS.

Qu'avez-vous dit ?

ROSETTE, *tournant le dos à* LUCAS, *pour*
répondre à ALAIN.

Quoi, vous voilà !
Ah ! méchant, vous étiez donc-là ?

ALAIN.

Ah ! pardonnez cette furprife.

ROSETTE.

Je ne m'en fâche pas ?

LUCAS fe relevant avec étonnement.

Qu'ai-je fait ? ciel ! qu'elle étrange méprife ?

ALAIN fe relevant avec joie.

Que mon fort a d'appas !

LUCAS.

Te voilà, mon ami, plus fortuné que fage.

ALAIN.

Comment ?

LUCAS.

Jouis de ta félicité ;
Le même moment qui t'engage
Eft celui qui me rend ma liberté.
Qu'à jamais l'amour vous enchaîne,
Mes enfans, fous fes loix, vivez toujours heureux.

(*Il les unit l'un à l'autre.*)

Je vois des Bergers dans la plaine,
Je vais les inviter à venir en ces lieux,
Pour célébrer de fi beaux nœuds.

(*Il fort.*)

SCÈNE VI.

ALAIN, ROSETTE.

(Elle releve son panier de fleurs, en choisit une qu'elle donne à ALAIN , & qu'il reçoit en baisant la main de ROSETTE.)

ALAIN.

HÉlas ! qu'elle étoit ma tristesse !
J'ai pensé que Lucas trahissoit ma tendresse :
Et qu'il étoit aimé.

ROSETTE.

J'ignorois son dessein,
Mais il parloit d'amour, & je parlois d'Alain.

ALAIN et ROSETTE.

Ah ! quel bonheur ! j'ai sçu te plaire,
Ton cœur est à moi ;
Mon ardeur est sincere,
Reçois ma foi :
Non, je n'ai plus de vœux à faire ;

ROSETTE. { Tu m'aimes, } Mon cœur est à toi.
ALAIN. { Je t'aime, }

(Symphonie champêtre.)

ROSETTE

Quel bruit?

ALAIN.

Ce font les bergers du village,
Qui viennent prendre part à notre mariage.

SCÈNE DERNIERE.

ALAIN, ROSETTE, LUCAS.

(*Villageois jouant des inſtrumens, Villageoiſes, Pâtres & Paſtourelles, qui arrivent en chantant & danſant.*)

CHŒUR, pendant lequel on danſe.

CHantons, danſons & folâtrons,
Amuſons-nous dans ces retraites :
Que l'amour, au ſon des muſettes,
Anime tous nos pas, inſpire nos chanſons.

LUCAS, alternativement avec le Chœur.

Faiſons la guerre à la mélancolie ;
Aimons, pour être heureux.
Loin d'ici les ſoupirs, ne mêlons à nos jeux
Qu'une agréable folie.

LE CHŒUR.

Chantons, danſons, &c.

ALAIN,

(*Alain , Rosette & Lucas , vont s'asseoir
sur des siéges de gazon.*)

(*On danse.*)
ALAIN.

Auprès de l'objet qui m'enchante
    Je ne défire plus rien :
Mon ame fe trouve contente
La voir, l'aimer eft tout mon bien.

Quoique fans-ceffe l'on nous vante
Les richeffes & la grandeur :
Aucun de ces biens ne me tente ,
Ils ne font pas le vrai bonheur.

Mais être aimé de ma bergere ,
    Et pour obtenir fon cœur,
Toujours m'attacher à lui plaire ;
Voilà ma gloire & mon bonheur.

(*On danse.*)
ROSETTE.

Amour, fous ces ombrages ,
Viens , reçois nos hommages ,
Rends tous nos cœurs contens :
           D

Dans tes chaînes,
Malgré tes peines,
Un jour heureux pour les amans
Ramene le printems.

LE *CHŒUR.*

Amour, &c.

ROSETTE.

Quelle différence !
La froide indifférence
Trouve par-tout l'hyver :
Que d'inſtans elle perd !
Mais ce n'eſt qu'au village,
Que l'on ſait bien aimer :
On n'y prétend charmer
Que le berger qui nous engage ;
Et l'uſage
Du bel âge
Eſt de s'enflammer.

Amour, &c.

LE *CHŒUR.*

Amour, &c.

Une Contredanse générale termine l'Acte.

APPROBATION.

J'Ai lu , par ordre de Monseigneur le Garde des Sceaux , *Alain & Rosette* , Pastorale en un Acte , & je n'ai rien trouvé qui m'ait paru devoir en empêcher l'impression.   A Paris le 27 Décembre 1776.

CRÉBILLON.